AF450337

AGENDA

D'INFANTERIE

PAR

CH. MESNY

COLONEL DU 47ᵉ DE LIGNE.

1ᵉ ÉDITION.

PARIS

LIBRAIRIE MILITAIRE DE J. DUMAINE

LIBRAIRE-ÉDITEUR

Rue et Passage Dauphine,

1877

ͨ CORPS D'ARMÉE.

Départements :

SUBDIVISIONS

1   . — 5
2   . — 6
3   . — 7
4   . — 8

ͨ division. | ͨ division.

brigade.}   ͨ de ligne. | brigade.}   ͨ de ligne.

brigade.)   — | brigade.}   —

ͨ brigade de cavalerie. | ͨ brigade d'artillerie.

ͨ reg. de | ͨ et ͨ regiments.

ͨ reg. de

ͨ bataillon de chasseurs.

AGENDA D'INFANTERIE.

EXPLORATIONS.

Abords.

Pour tout, examiner avec soin les abords et les débouchés.

Aqueduc. (V. Eau et Eaux.)

Arbres.

Sont-ils nombreux ? Dans certains pays, ils ne permettent de voir, surtout pendant l'été, qu'à de très-courtes distances ; circonstance très-importante. — En pays découvert, un bouquet d'arbres et même un arbre isolé peuvent servir comme point de direction ou de repère ; en indiquer la situation et la forme. — A défaut de bois à proximité, apprécier les ressources que les bouquets et les arbres bordant les routes donnent pour la cuisson des aliments et les feux de bivouac.

Artillerie.

Voie des voitures, $1^m,43$ à $1^m,53$.

Longueur d'un cheval dans ses traits. . . . . 3^m.

Longueur des { avec 4 chevaux . . . . . 10^m.

voitures, { avec 6 chevaux . . . . . 13^m.

Longueur d'une batterie sur une file. (Voir page 31.)

Longueur des sections de munitions.   (Idem.)

Longueur d'une section de parc. .   (Idem.)

Intervalle de pièce à pièce : — habituel, 15 à 20^m ; minimum, 10^m en France, $7^m,50$ en Prusse.

Batterie de 7, de combat : 15 voitures à 6 chevaux, dont 6 pièces, 6 caissons, 1 forge, 1 chariot de batterie, 1 chariot-fourragère. — 4 officiers. 165 hommes de troupe. 133 chevaux. — 720 projectiles à 30 par coffre.

Auberge (V. Lieux habités).

Bac (V. Eaux).

Barrage (V. Eaux).

Batterie (V. Artillerie).

Bivouac

à établir. — (Voir le tracé, pages 41 et 42). — Position. Nature du sol. Ressources voisines en bois, eau, fourrages et autres denrées; jalon indicateur de l'eau. Front; profondeur. Terrain en arrière. Côtés, obstacles naturels appuyant les ailes. Communications pour marcher en avant, en retraite, sur les flancs. Lieux habités dans les environs. Troupes voisines. Tracé. Mesures de sécurité.

à observer. — Comme bivouac à établir, plus : composition et force des troupes qui l'occupent. Discipline. État sanitaire. Moments des reconnaissances, des corvées extérieures, des prises d'armes, du relèvement des postes. Indices. (Direction, hauteur et épaisseur des nuages de poussière; feux de bivouac; feux de grand'gardes; Roulement des voitures, claquement des fouets, hennissement des chevaux; aboiement des chiens; traces de pas, empreintes des chevaux et des roues; inquiétude ou insolence des habitants.)

Bois.

Bois. Forêt. — Position. Étendue. Forme : saillants; rentrants. Lisière : haie; fossé; mur. Terrain plat ou montueux. Taillis ou haute futaie. Clairières. Coupures. Eaux. Enclaves : terres; habitations. Voies de communication : leur direction; leur viabilité.

Villages et positions aux alentours. Moyens de se retrancher. — Coupes faites : Bois en grume; Bois équarri ; Bois de chauffage.

de chauffage. — Pour apprécier en stère du bois qui n'a pas 1ᵐ de longueur, on écarte les montants de 1ᵐ et on leur donne en hauteur le quotient de 1 par la longueur des bûches. — La contenance d'une pile se trouve en calculant le volume du parallélipipède rectangle qu'elle forme. — Le poids spécifique variant beaucoup suivant les essences de bois et le degré de siccité, le mieux sera, s'il est besoin de connaître le poids total du bois mesuré, de peser 2 ou 3 stères et de prendre la moyenne. — Reconnaître les ressources en bois de chauffage : dans la localité; à défaut, dans des coupes voisines ; à défaut, endroits où la troupe devra couper le bois dont elle a besoin.

Bruyères. (V. TERRES.)

Camp

à établir. — Comme bivouac à établir.

retranché. — Comme bivouac à établir, plus : travaux et retranchements pour compléter les obstacles naturels ou y suppléer.

à observer. — Comme bivouac à observer, plus : Tentes ou baraques, de quelle nature.

Canal. (V. EAUX.)

Cantonnement.

à établir. — Ressources pour le logement des hommes et des chevaux (en cantonnement ordinaire, 2 à 6 hommes par feu de 3 à 5 habitants). Fractionnement de la localité en lots répondant à un effectif déterminé et nettement délimités par des rues ou ruelles bien indiquées. Inscription en gros à la craie, sur les portes extérieures, des noms des officiers et du nombre d'hommes et de chevaux à loger, ainsi que du corps et de la portion de corps. Poste de police. Local de punition. Ambulances. Place d'armes ou d'alarme. Indication, aux carrefours et au coin des rues principales, des logements des généraux et chefs de corps ou de cantonnement; poste de police; fractions de troupe occupant la rue ou le quartier; lieux de rassemblement et de distribution. Poteaux ou signes marquant les quartiers généraux. magasins, ambulances, etc... A l'issue, poteaux ou signes indiquant les noms et les directions des cantonnements voisins.—Statistique.— Nature et quantité de la nourriture à fournir par l'habitant. — Travaux pour faciliter les communications et pour rendre à l'ennemi les abords difficiles.

à observer. — Comme bivouac à observer.

Cartes.

Où elles se trouvent. Date de leur construction. Auteurs. Échelles. Degré d'exactitude.—**A** proximité de l'ennemi, s'emparer de toutes les cartes du pays chez les commerçants et chez les particuliers.

Cavalerie.

Front d'un cheval
- dans le rang. . . . . 1^m.
- à l'écurie. . . . . $1^m,45$.
- en chemin de fer.
  - Dessellé. . . $0^m,55$ à $0^m,65$.
  - Sellé. . . . . $0^m,60$ à $0,^m80$.

Chargements.

Maximum d'une voiture régimentaire qui, en outre, pèse vide 358 kilog.. . . . . 500 kilog.

Caisson des équipages militaires, 1,200 rations de pain, soit. . . . . 900 kilog.

Mulet, 75 kilogrammes plus le bât ; exceptionnellement. . . . . 100 kilog.

Cheval de caval. dans une réquisition. 100 kilog.

Château (V. LIEUX HABITÉS.)

Chauffage. (V. BOIS.)

Chemin. (V. Route.)

Chemin de fer.

A quelle grande ligne ou réseau appartient la section reconnue. Direction générale. Points importants qu'elle met en communication ; stations voisines : leur éloignement. Embranchements. — Nombre de voies. Écartement des rails (à prendre en dedans). Courbes. Changements de pente ; maximum de train en résultant. Tracé : en terrain naturel, en chaussée, en tranchée, en tunnel, sur pont ou viaduc ; longueur de chaque fraction. Passages : à niveau ; en dessus ; en dessous. Routes, rivières et canaux, parallèles ou coupants. — Gare. Position. Dimensions. Facilités d'accès. Voies de communication y aboutissant. Changements de voie : à aiguille ; à plaque tournante. Quais d'embarquement, praticables à quelles armes et par quel effectif. Halles, magasins de la gare ou à proximité, pouvant être utilisés pour préparer et consommer les repas. — Réservoirs d'eau. Combustibles. Marchandises de toute nature chargées ou emmagasinées. — Locomotives : nombre ; espèce ; puissance. — Wagons à voyageurs, à bagages, à chevaux, à bestiaux, à marchandises ; nombre et capacité de l'unité de chaque espèce. — Trucs. — Personnel. — Signaux. — Communications télégraphiques. — Mesures pour la conservation, l'interception, la destruction, la réparation.

Clôtures.

Objet. En bois ; En pierre ; Fossé sec ou garni d'eau ; Levée de terre ; Haie. Configuration. Hauteur ou profondeur ; Épaisseur ou largeur. Solutions de continuité ; comment fermées.

Défilé.

Position. Longueur. Largeur. Nature des flancs : escarpés, nus, boisés. Entrée. Sortie. Praticables à quelles armes. Possibilité de le faire tourner par une fraction de la troupe. Moyens de rétablir ou d'intercepter le passage. Défense en arrière; en avant; à l'intérieur.

Denrées. (V. Subsistances).

Destructions.

Aucun ouvrage d'art ne doit être détruit ou mis hors de service sans ordre.

Armes portatives. — Briser crosses des fusils (s'assurer que l'arme n'est pas chargée); fausser canons; casser chiens ou enlever culasses mobiles. — Jeter barillet des revolvers. — Fausser ou briser sabres. — Casser hampes des lances. — Noyer ou enterrer cartouches.

Artillerie. — Enclouage par clou barbelé. — Enlèvement au loin d'une partie de l'appareil de fermeture; ou bien bris ou faussage des filets des vis de fermeture. — id. de pointage. — Bris des hausses. — Emporter ou briser les pièces de rechange contenues dans les coffrets d'affût. — Briser timons. — Noyer obus et même caissons chargés.

Canal. — Détruire vannes et déversoirs. Briser système de fonctionnement des écluses.

Chemin de fer. — Outils à employer : clefs à écrous des plaques ou éclisses de joints de rails; pieds-de-biche; marteaux et masses; pelles et pioches; cartouches de dynamite avec mèches.

Sur la voie : — De préférence aux bifurcations, courbes ou parties en déblai. Intercepter d'abord communications télégraphiques. — Chasser coins à coups de marteau et faire sortir rails des coussinets par pesée à l'aide du pied-de-biche; ou bien, dévisser avec la clef les boulons des éclisses ou les briser à coups de marteau; découvrir, par une petite tranchée dans le ballast, les tire-fonds et les arracher à l'aide du pied-de-biche ou les briser. Déchausser les traverses, les empiler et les brûler en plaçant les rails dans le foyer pour les déformer. On peut aussi jeter à l'eau ou emporter ces derniers. — Cartouche de dynamite en contact absolu avec un joint de rails, au moyen d'un logement fait dans le ballast. — Éboulements en tunnel et en tranchée par dynamite placée sous la clef de voûte ou contre le mur de soutènement.

En gare : — Briser aiguilles en enlevant les écrous des leviers. Fausser engrenages des plaques tournantes. — Enlever ou casser les pièces importantes des prises d'eau. Éventrer réservoirs. — Casser, dans les locomotives, les appareils alimentaires, les fonds des cylindres ; placer pétards dans la tubulure. — Incendier matériel roulant et approvisionnements, surtout ceux de charbon.

Gué. — Voitures renversées. Herses de laboureurs. Planches garnies de pointes. Arbres.

Ponts. — En pierre : — Dynamite sur le sommet d'une voûte et recouverte de terre ou de sable.

En bois : — Par le feu, à l'aide de goudron, huiles, fascines sèches. — A défaut, dynamite ; ou arrachement des madriers formant le tablier.

En fer : — Dynamite enroulée autour des arcs ou des poutres.

Suspendu : — Coupure des câbles de suspension à une des extrémités.

de bateaux : — Par submersion, en enlevant quelques planches du fond ; ou par le feu.

Télégraphe. — Outils à employer : Marteau ; cisailles ; scie ou hache ; pelle et pioche.

Interruption momentanée : — Fils reliés tous au moyen d'un autre enfoncé dans le sol.

Sur le trajet : — Couper et enlever les fils. Briser supports isolants. Couper poteaux en bois, renverser ceux en métal.

En station : — Enlever appareils. Briser piles. Saisir registres et rouleaux d'inscription des dépêches.

— 12 —

Digue. (V. Eaux.)

Eau.

Il faut la mettre à portée du soldat, en calculant sur 4 litres par homme et par jour et 16 litres par cheval. Sources ; Fontaines ; Pompes ; Puits. Position. Accès. Qualité. Quantité. Tarissent-ils : en quelle saison ; en quelles circonstances. Un débit prolongé les épuise-t-il et pour combien de temps. Moyens d'organiser, améliorer et augmenter le puisage. — Aqueduc. Souterrain ou à ciel ouvert. Lieu où il prend l'eau. Coupure. Rétablissement.

Rivière ; Ruisseau. Qualité de l'eau.

Eaux.

Aqueduc. — Position. Objet. Mode de construction. Longueur. Largeur. Profondeur. Coupure ou saignée. Rétablissement.

Bac. — Points d'atterrissage. Capacité. Est-il à traille.

Barrage. — Position. Objet. Dimensions. Parti à tirer de son agrandissement ou de sa suppression totale ou partielle.

Canal. — Nature : navigable ; flottable ; d'irrigation ; de desséchement. Direction générale. Points qu'il met en communication. Longueur. Largeur. Profondeur. Gares et bassins. Tunnels. Rives (commandement). Coudes. Qualité de l'eau. Rivières voisines ; en emprunte-t-il les eaux. Écluses : position ; longueur ; largeur ; moyens de les défendre, de les détruire, de les rétablir. Chemin de halage : entretien ; praticable pour quelles armes. Voies de communication parallèles au canal, y aboutissant, coupées par lui. Saignées. Utilité pour la défense. Emploi des bateaux et des matériaux qui s'y trouvent. — Dans certains pays, on trouve un réseau inextricable de canaux qui rend la marche impossible ailleurs que sur les chaussées.

Digue. — (Voir ci-dessus le paragraphe **Barrage**).

Etang. — Position. Nom. Etendue. Profondeur. Comment alimenté. Desséchement. Moyens de passage ; conservation ; destruction ; rétablissement. Le voisinage est-il malsain.

Fleuve. — (Voir ci-dessous le paragraphe **Rivière**).

Glace. — Utilisable pour le passage quand elle porte sur l'eau et qu'elle a une épaisseur d'au moins $0^m,08$ pour l'infanterie passant en file ; $0^m,11$ à $0^m,16$ pour la cavalerie et les pièces légères ; $0^m,16$ pour les voitures les plus lourdes.

Gué. — Position. Indices qui le révèlent. Points d'atterrissage. Courant. Nature du fond. Largeur. Profondeur ; elle doit être au maximum pour la cavalerie $1^m,20$; pour l'infanterie 1^m et même $0^m,80$ si le courant est rapide ; pour les caissons de munitions $0^m,65$. Moyens de le détruire, de le rétablir.

Inondation. — Position. Etendue. Profondeur. Comment produite : Ecluses ; Barrages ; Digues. Temps nécessaire pour produire ou supprimer l'inondation. Coupures ou saignées.

Marais. — (Voir ci-dessus le paragraphe **Etang**).

Rivière. — Comme au paragraphe Canal, plus : — Nom. Source. Embouchure ou confluent. Affluents. Volume d'eau. Courant. Crues. Desséchement. Barrages ou digues. Les : — position ; forme ; étendue ; escarpement : nues, en bruyères, boisées, cultivées ; habitées ; communications avec les deux rives. Ponts. Bacs. Gués. Moulins. La profondeur minimum pour qu'une rivière soit considérée comme navigable est 1^m, et comme flottable $0^m,65$.

Ruisseau. — (Voir ci-avant le paragraphe **Rivière**).

Torrent. — Direction générale. Nature du lit. Escarpement des bords. Epoque de la sécheresse totale ou partielle. — Epoques et importance des crues.

— 14 —

Église. (V. Lieux habités.)

Étang. (V. Eaux.)

Ferme. (V. Lieux habités.)

Fleuve. (V. Eaux.) — **Fontaine.** (V. Eau.)

Forêt. (V. Bois.)

Fortifications.

Position. Espèce. Commandement. Liaison avec d'autres ouvrages. Fossé sec ou garni d'eau ; largeur et profondeur. Relief et épaisseur du parapet. Défenses accessoires. Garnison. Armement. Approvisionnements de toute nature. Eau et bois.

Four.

Maisons où il s'en trouve. Appréciation de la contenance. Les fours indiqués dans le tableau ci-après sont elliptiques ; la largeur est les **11/12** de la profondeur.

On peut faire **10** fournées par **24** heures.

Profondeur.	Rations.	Profondeur.	Rations.	Profondeur.	Rations.
1m,95	100	2m,76	226	3m,57	380
2 11	120	2 92	244	3 76	420
2 27	140	3 08	280	3 90	460
2 43	166	3 25	306	4 06	500
2 60	190	3 41	344	4 22	550

Fourrages. (V. Subsistances.)

Glace. (V. Eaux.) — **Gué.** (V. Eaux.)

Haies. (V. Terres.)

Hameau. (V. Lieux habités.)

Hauteur.

Position. Nom. Forme. Sommet : Commandement,
nu, bruyères, boisé, cultivé ; habité. Flancs : nus, en
bruyères, boisés, cultivés ; Inclinaison : accessibles
à quelles armes ; escarpements, ressauts, gradins ;
routes, chemins et sentiers qui gravissent les pentes.
Pied : boisé, découvert ; Ravins ; Cours d'eau. Voies
de communication ; Lieux habités. Emplacements de
défense ou pour campement.

Inondation. (V. EAUX.)

Lieux habités.

Indiquer les circonscriptions : militaire ; adminis-
trative ; judiciaire ; religieuse.

Habitations isolées. (Auberge. Bergerie. Châ-
teau. Ferme. Etc..). — Position. Nom. Configuration. Mode de construction et épaisseur des murs.
Étages. Toiture. Ouvertures. Souterrains ou caves ;
qualité de leurs voûtes. Cours. Jardins. Clôtures.
Ressources en subsistances. Eau et bois. Ressources
pour le logement. Parti à tirer pour la défense, et
fortification dont elles sont susceptibles.

Hameau. — Comme au paragraphe Habitations
isolées, plus : — Forme et composition du périmètre.
Issues. Lignes de résistance. Réduit. Nombre de
maisons. Statistique.

Village. — Comme au paragraphe Hameau, plus :
— Direction et dénomination des rues principales.
Places. Édifices publics. Église : Situation ; forme ;
genre de construction ; parti à en tirer. Cimetière :
Situation ; étendue et forme ; clôture. État des esprits
au point de vue national, politique et de l'occupation
militaire. Coteries. Gens tarés ou suspects. Étrangers.

Ville. — Comme au paragraphe Village, plus : —
Presse locale. Dans une ville fermée, faire connaître
le nombre des issues, en indiquant pour chacune sa

largeur et les routes qui y débouchent. Moyens de pratiquer des ouvertures voisines pour permettre le passage simultané d'un plus grand nombre de troupes.

Marais. (V. Eaux.)

Mesures.

Expressions des mesures des surfaces planes régulières.

Triangle. — La moitié du produit de la base par la hauteur.

Quadrilatères à côtés opposés parallèles (Carré; Rectangle; Parallélogramme; Losange). — Le produit de la base par la hauteur.

Trapèze. — La moitié du produit de la somme des côtés parallèles par la hauteur; — ou bien, Le produit de la ligne joignant les milieux des deux côtés non parallèles par la hauteur.

Cercle. — Les 22/7 du carré de son rayon (en admettant que la circonférence soit égale au 22/7 de son diamètre; nombre un peu trop fort, mais approximation suffisante ici); — ou bien, La moitié du produit de sa circonférence par le rayon.

Secteur. — La moitié du produit de son arc par le rayon.

Expressions des mesures de volume.

Parallélipipède, Prisme et Cylindre. — Le produit de la base par la hauteur.

Pyramide et cône. — Le tiers du produit de la base par la hauteur.

Tronc de cône. — Ramenons-le à un cylindre ayant pour hauteur celle du tronc et pour base un cercle dont la circonférence sera une moyenne entre les circonférences des bases du tronc.

Jeaugeage des tonneaux. — Considérer le tonneau comme un cylindre ayant pour hauteur la lon-

gueur intérieure du tonneau et pour diamètre le diamètre du bouge diminué du tiers de la différence
entre ce diamètre et celui du fond.

Reconstruction du mètre. — Des pièces de
monnaie jointes sur une même ligne droite donnent
un moyen commode et prompt de construire un
mètre. Prenons les plus répandues : les pièces de
dix centimes et de cinq centimes (vulgairement le
gros sou et le petit sou); la première a 30 millimètres
de diamètre et la seconde 25 millimètres; par consé-
quent, comme exemple, 30 gros sous et 4 petits font
un mètre.

Reconstruction des poids. — Les pièces de monnaie donnent encore le moyen de reconstruire les
poids, car nos pièces en argent pèsent autant de fois
5 grammes qu'elles valent de francs et nos pièces
en bronze autant de grammes qu'elles valent de centimes.

Mesures étrangères. — Dès l'origine d'une
guerre, il est très-essentiel de faire connaître, sans
délai, les mesures et les poids dont se servent les
alliés et les ennemis, ainsi que la réduction de ces
mesures et poids en mesures et poids de France et
réciproquement.

Dans l'union douanière allemande (Zollverein), on
se sert des mesures suivantes du système français :
Le mètre (Meter); le litre (Liter); le stère (Stere ou
Holzmasz). Les poids seuls diffèrent ; leurs trois principales unités sont : 1° le loth ou 1/2 once; 5 grammes valent 3/10 de loth; 2° la livre (Pfund), qui comprend 15 onces ou 30 loth et qui vaut 500 grammes;
3° le quintal (Centner), qui comprend 100 livres.

Dans les usages ordinaires de la vie, les Prussiens
emploient :

Pour les routes, le mille (Meile-Stunden), qui vaut
7,408 mètres. Les bornes routières nouvelles indi-
quent les kilomètres (Kilometer);

Pour les liquides, le quart, qui vaut 11 décilitres.

Il se subdivise en 1/2 et en 1/4. — Dans le commerce des vins, il y a aussi le foudre (Fuder-Vein), qui vaut 960 litres :

Pour les matières sèches et les graines, le sester, qui vaut 17 litres 175. Il se subdivise en 1/2 et en 1/4;

Pour le bois, la corde. Très-variable ; sur les bords du Rhin, elle vaut environ 3 stères 71.

Monnaies.

Le rapport de l'or à l'argent est de 15 1/2 à 1 pour un même poids.

Monnaies étrangères. — Ce qui vient d'être dit à l'article précédent pour les mesures étrangères est, de tout point, applicable aux monnaies.

Celles actuellement en usage en Prusse sont :

Or.

La pièce de 20 mark. . . . . qui vaut.	25 00
— 10 mark. . . . . —	12 50

Argent.

Le thaler (Vereinsthaler) ou 3 mark . . —	3 75
Le double thaler (Zwei Vereinsthaler) . . —	7 50
La pièce de 1 mark (le 1/3 du thaler) . . —	1 25
— 1/2 mark (le 1/6 du thaler) . —	0 625

Alliage à 2/10 d'argent.

La pièce de 20 pfenning (le 1/5 du mark). —	0 25
Le silbergroschen (vulgairement groschen) ou 10 pfenning. . . . . —	0 125

Cuivre.

La pièce de 4 pfenning. . . . . —	0 05
— 3 pfenning. . . . . —	0 0375
— 2 pfenning. . . . . —	0 025
— 1 pfenning. . . . . —	0 0125

(Cette dernière correspond à notre ancien liard).

Moulin

à eau. — Position. Constructions. Emploi des vannes pour rendre la rivière guéable ou non. Paires

de meules. Production en **24** heures. Approvisionnements. Il existe presque toujours près des moulins
un petit pont qui peut être très utile.

à vapeur. — Comme ce qui vient d'être dit, sauf
ce qui a rapport à l'eau.

à vent. — Comme à vapeur. Un moulin à vent
peut servir comme moyen de direction ou de repère ;
en indiquer la forme et la couleur.

Orientation.

Les signes qui suivent peuvent généralement servir encore une heure avant ou après :

Par le soleil :

Vers 6 h. du matin. . . Est.	Vers 3 h. du soir. Sud-ouest.
Vers 7 h. (en plein été). Est.	Vers 6 h. du soir. . . Ouest.
Vers 9 h. . . . . . . Sud-est.	Vers 5 h. (plein été). Ouest
Vers 12 h. . . . . Sud.	

Par la lune :

	1er quartier.	Pleine lune.	Dern. quart.
6 h. du soir.	Sud.	Est.	»
Minuit.	Ouest.	Sud.	Est.
6 h. du matin.	»	Ouest.	Sud.

Plaines.

Étendue, noms et nombre des villages qu'on aper-
çoit. — Détails sur les diverses parties du terrain,
notamment ceux indiqués sous les titres Bois, Clôtures, Eaux, Routes et Terres.

Poids. (V. MESURES.)

Pont.

Situation. Objet. Facilités d'accès. Voies de communication y aboutissant. Routes, chemins, chemins
de fer, rivières et canaux à proximité. Espèce : —
en pierre ; — en bois avec piles en pierre ; — tout

en bois ; — levis avec abords en pierre ; — levis avec abords en bois ; — en fer ; — suspendu pour voitures ; — suspendu pour piétons ; — de pontons , — de bateaux ; — de voitures. Largeur. Longueur. Nombre de piles. Hauteur. Solidité.

Gués voisins. Rive dominante. Moyens de défense, de destruction, de rétablissement.

Position.

Clef de la position. Point auxiliaire. — Commandement du terrain à portée de fusil et de canon. — Ligne de défense, ses abords et ses flancs.—Voies de communication en avant et en arrière. — Travaux de défense. — Seconde ligne de résistance.

Prés. (V. Terres.)

Puits. (V. Eau.)

Réquisitions.

S'appliquent à tout : Subsistances ; Logement ; Traitement des blessés et des malades ; Transports ; Ouvriers ; Travailleurs ; Outils et matériaux ; Effets de toute nature ; Solde. — Prescrire à chef municipal ou notables le lieu et l'heure de livraison, avec menaces d'amendes et de perquisitions. Remettre un bon établi par l'intendance ou par le chef de la troupe. — Éviter gaspillage et désordre.

Rivière. (V. Eaux.)

Route.

Direction générale. Points importants qu'elle relie. Espèce : empierrée ; pavée ; en bois. Largeur de la chaussée ; état d'entretien. Largeur des accotements ; leur état. Tracé : en terrain naturel, en chaussée, en tranchée, en tunnel, sur un pont en viaduc ; longueur de chaque fraction. Passages : à niveau ; en dessus ; en dessous. Pentes. Défilés. — A quelles armes la chaussée est-elle accessible et en quel temps. Mêmes renseignements pour les accotements. (La largeur nécessaire pour le passage d'une voiture est celle de quatre hommes de front.) — Par quoi bordée : fossés ; arbres ; haies. Terrain environnant : Terres labourées ; Prés ; Vignes ; Bois ; Eaux ; Mouvements de terrain. Lieux habités. Objets remarquables : croix ; calvaire ; plaques et poteaux indicateurs.… — Routes, chemins, sentiers, chemin de fer, rivières et canaux, coupant ou voisins. Carrefours. Communications télégraphiques. — Moyens d'amélioration et d'entretien. — Meilleures positions militaires.

Statistique des lieux habités.

Classement de la population mâle depuis l'âge de 14 ans.

POPULATION TOTALE FORMÉE PAR EUX.

Ouvriers des subsistances.

Boulangers.
Bouchers.
Meuniers.

Ouvriers de l'habillement.

Tailleurs.
Cordonniers.
Selliers et bourreliers.

Ouvriers en fer.

Armuriers.
Maréchaux-ferrants.
Forgerons.
Taillandiers et serruriers.

Ouvriers en bois.

Charrons.
Charpentiers.
Menuisiers.
Tonneliers.

Médecins, chirurgiens et officiers de santé. — Vétérinaires. — Pharmaciens. — Autres professions.

Noms des personnes pouvant être employées :

Pour soigner les malades
Comme interprètes.
— guides.
— espions.

Noms des habitants notables.

Parmi les rentiers.
— les commerçants.

Ressources en subsistances (Pour le cubage et le pesage, V. *Subsistances*).

Blé.
Seigle.
Farine.
Légumes secs (Pois, Haricots, Fèves, Lentilles.)
Légumes frais (Pommes de terre, Choux).
Riz et pâtes.
Sel.
Café et sucre.
Vin.
Bière et cidre.

Eau-de-vie.
Bœufs et vaches.
Moutons, chèvres, veaux.
Porcs.
Avoine.
Orge, son, épeautre, etc.
Foin, sainfoin, luzerne.
Trèfle.
Paille.
Combustibles pour cuisson.
— pour éclairage.
Fours pouvant cuire en 24 heures, rations.
Moulins donnant en 24 heures.

*Ressources
en moyens de transport.*

Chevaux et mulets de trait.
— de bât.
Chevaux de selle.
Bœufs.
Ânes.
Voitures à 2 roues.
— à 4 roues.
Bateaux.
Nacelles.
Chemin de fer (V. *Chemin de fer*).

Ressources en habillement.

Draps.
Toiles.
Cuirs.
Ouvrières.

Ressources en argent.

Imposition annuelle.
Trésorerie et percepteur.
Recettes des contributions indirectes.
— des douanes.
— de l'enregistrement et des domaines.
— des postes.
— des télégraphes.
— municipales.
Caisse d'épargne.
Banques et sociétés financières.

*Ressources pour le logement
(V. Cantonnement à établir.)*

D'hommes.
De chevaux.

Subsistances.

En voir la nomenclature au paragraphe Ressources en subsistances de l'article Statistique.

Cubage des grains. — Appliquer une des formules de l'article Mesures. — Si le tas est irrégulier, lui donner des bords en ligne droite avec talus uniformes, en le nivelant autant que possible. Faire plusieurs sondages avec une règle graduée ; la moyenne de ces sondages donne la hauteur. Pour avoir la surface moyenne, on prend sur chaque talus la longueur moyenne entre celle qu'il a en bas et celle qu'il a en haut de la couche ; puis, on calcule cette surface d'après les formules insérées à l'article Mesures : si la surface ne ressortit pas d'une de ces formules, on la décompose, à l'aide de cordeaux, de façon à la ramener à deux ou plusieurs d'entre elles (généralement des triangles). Le produit de la hauteur moyenne et de la surface moyenne ainsi trouvées exprime en mètres cubes et fractions de mètre cube la contenance du tas. Se rappeler que 1 mètre cube vaut 10 hectolitres.

Cubage du foin et de la paille. — Appliquer une des formules données dans l'article Mesures. — Les poids brut et net du foin pressé sont inscrits sur une des planchettes de pourtour. La balle a ordinairement 1 mètre cube et pèse de 160 à 300 kilogr., suivant l'espèce de presse et la nature du foin.

Cubage des liquides. — (V. Jaugeage des tonneaux à l'article Mesures.)

Eau. (V. Eau.)

Four. (V. Four.)

Pesage des denrées. — Pour apprécier en poids les grains cubés, faire plusieurs pesées dont on prend la moyenne que l'on multiplie par le nombre d'hectolitres. L'hectolitre de blé pèse en moyenne 75 kil., celui d'avoine, 48 kilogr. ; celui d'orge, 58 ; celui de seigle, 67.

Il est prescrit de compter 1 mètre cube de foin pour 65 kilogr. En piles et en meules, cette densité peut s'élever à 100 kilog. — Pressé, il pèse de 160 à 300 kil. le mètre cube.

Il est prescrit de compter 1 mètre cube de paille pour 62 kilogr. En piles et en meules, cette densité peut s'élever à 84 kil.

Rendement du blé et des farines.
— 100 kilogr. de blé tendre à bluter à 20 p. 0/0 donnent. . . . . 144 rations.

100 kilogr. de blé dur à bluter à 12 p. 0/0 donnent . . . . 172 —

100 kilogr. de farine de blé tendre blutée à 20 p. 0/0 donnent. . . . . . .   186 rations.

100 kilogr. de farine de blé dur blutée à 12 p. 0/0 donnent.   200   —

Ces farines se mélangent habituellement dans la proportion de 1/2 ou 2/3 de blé tendre avec 1/2 ou 1/3 de blé dur. — On peut obtenir un pain encore très-bon en mettant jusqu'à 1/4 de seigle.

Rendement de la viande sur pied. — Bœufs, 60 p. 0/0. Vaches, 56 p. 0/0. Moutons, 53 p. 0/0. Veaux, 60 p. 100.

Télégraphe.

A signaux. — Électrique. — Points qu'il met en correspondance. — Les fils sont-ils élevés, près de terre, sous le sol. — État des appareils, des fils et des poteaux. — Personnel.

Terres.

Bruyères. — Situation. Étendue. Sol sec ou marécageux. Espèce des broussailles. Élevées ou basses. Praticables pour quelles armes et en quel temps.

Carrière. — De pierre, de cailloux, de sable. A ciel ouvert ou non. Facilité d'extraction. Quantité sur chantier. Parti à en tirer.

Creux et plis. — Observer ceux qui peuvent cacher de l'infanterie, de la cavalerie, de l'artillerie.

Cultures. — Genre. Époque des diverses récoltes. Production annuelle de toute espèce. Accessibles à quelles armes.

Haies. — A plat terrain ou sur levée de terre. Épaisseur. Essences des bois. Fréquence. Obstacles qu'elles offrent à la vue et pour la défense. — Dans certains pays, elles sont très-nombreuses, très-élevées et très-épaisses ; l'on n'y voit qu'à quelques pas et, en dehors des routes, le terrain n'est praticable et encore qu'à bien grande peine, que pour l'infanterie. — Se défier des chemins étroits bordés de

haies de ce genre ; ce sont des marais à peu près
permanents.

Prés. — Étendue. Secs ou humides. Qualité et
quantité des fourrages. Praticables pour quelles armes et en quel temps.

Vergers. — Attenant à quoi. Les arbres sont-ils
nombreux. Clôtures. Parti à en tirer pour la défense.

Vignes. — Nature du sol. Mode de clôture. Les
ceps sont-ils soutenus par des échalas, des arbres,
ou courent-ils sur le sol. Les vignes à échalas sont
à peu près impraticables pour la cavalerie ; celles
qui courent sur le sol (portions de l'Anjou, du Midi,
etc.) rendent très-lente et fort pénible la marche de
l'infanterie.

Torrent (V. Eaux).

Usines.

Position. Objet. Configuration. Mode de construction et épaisseur des murs. Étages. Toiture. Ouvertures. Souterrains ou caves. Cours. Jardins. Clôtures.
Parti à en tirer au triple point de vue de la défense,
du cantonnement et de la fabrication pour l'armée.

Vignes. (V. Terres).

Ville et Village. (V. Lieux habités).

Vitesses.

Par minute.

Pas accéléré. . . .	0ᵐ,75 multiplié par 115.	
Pas gymnastique .	0ᵐ,80 —	170 à 180
Pas de route. . . .	0ᵐ,75 —	115 à 130
Pas de charge. . .	0ᵐ,75 —	130.

Par heure.

Homme dans une marche soutenue.	5 kilomètres
Cheval. (Voir page 27).	
Convoi en terrain uni.	3 —
Locomotive.	40 à 80 —

Le son, 333ᵐ,60 par seconde, à la température de 10 degrés, avec augmentation ou diminution de 0ᵐ,60 par degré en plus ou en moins.

En chemin de fer.

Montée en wagon. Minimum. (1). Moins d'1 minute.
Descente.   id.   1 minute.
Montée en wagon. Maximum. (2). 5 minutes.
Descente.   id.   3   —

RAPPORTS.

Ordres à recevoir. — But détaillé de la mission. Composition, force, emplacement et direction des corps et postes voisins ou des autres colonnes. Renseignements connus sur les forces, la position et les mouvements de l'ennemi. Conduite à tenir en cas de rencontre de l'ennemi et de retraite forcée. Heure du départ. Durée. Itinéraire. Forme du rapport ; Échelle du croquis, s'il y a lieu. Mots d'ordre et de ralliement. Signaux convenus.

Modèle de feuille. — (Largeur 0ᵐ,135. Hauteur 0ᵐ,207). Papier quadrillé au recto et au verso, en centimètres, représentant 200 mètres à l'échelle de 1/20000. Feuille pliée en deux dans l'enveloppe (3).

Expédié le	, à	h.	m.	} matin
Arrivé le	, à	h.	m.	} ou soir.
Lieu de départ :				

(1) En gare, de jour, en wagon de 3ᵉ classe.
(2) En pleine voie, dans l'obscurité, en wagon à bestiaux sans escabeau.
(3) Indiquer les grade, nom et fonctions de l'expéditeur ainsi que les grade et fonctions du destinataire.

Modèle d'enveloppe. — (Largeur 0^m,14. Hauteur 0^m11). Doit être gommée.

Départ : h. m.) matin Arrivée : h. m.) ou soir. *Signature du destinataire :*	Vitesse (1) { ordinaire. accélérée. rapide.
A M à	
L'enveloppe est rendue au porteur.	

Vitesse à l'heure.

Ordinaire : 1/2 au pas ; 1/2 au trot. .   **10** kilom.
Accélérée : tout au trot.   15   —
Rapide : tout au galop. . . au moins.   20   —

Règles générales. — Mentionner : 1° Objet de la mission ; — 2° Composition et effectif de la troupe ; — 3° Date et heure du départ et du retour ; — 4° Route suivie et ordre de marche ; — 5° Événements survenus ; Positions occupées ; Mouvements exécutés ; Observations et nouvelles recueillies ; en indiquant toujours l'heure exacte. — 6° Carte dont on s'est servi, s'il y a lieu.

Se reporter à l'article **Explorations,** suivant les détails à observer.

Rédiger avec concision, clarté et vérité, en distinguant expressément ce que l'on a vu ou entendu personnellement de ce que l'on ne connaît que par ouï-dire, et en indiquant toujours les noms et la qualité des personnes de qui on tient ces derniers renseignements. — V. aussi Modèle A, page 31.

(1) Effacer les deux vitesses qui ne doivent pas être employées.

— 28 —

Pour les routes, chemins et sentiers, employer les signes suivants :

7 . . . . Signifie : praticable à toutes les armes sur 7 mètres.

I. 2. . . . Signifie : praticable à l'infanterie sur 2 mètres.

I. C. 3. . . . . Signifie : praticable à l'infanterie et à la cavalerie sur 3 mètres.

4. — I. 2. . . . Signifie : praticable à toutes les armes sur 4 mètres, et à l'infanterie sur 2 autres mètres.

I 2. 1/2 . . Signifie : praticable à l'infanterie sur 2 mètres, mais pas en toute saison.

4. — I. 2. 1/2. Signifie : praticable à toutes les armes sur 4 mètres, et, mais pas en toute saison, à l'infanterie sur 2 autres mètres. Cette fraction 1/2 pouvant être placée, le cas échéant, au bout de chacune des abréviations.

Règles particulières. — 1º — Chef de petit poste. — Aussitôt établi, emplacements choisis. — Dès qu'un homme passe à l'ennemi, avis du changement des signaux de reconnaissance. — Avis immédiat de l'approche de l'ennemi, des résultats du combat et du changement d'emplacement du poste dès que l'ennemi est repoussé. — Rapport du matin et du soir. Troupes et personnes ayant franchi la ligne. Désertants arrêtés ou sur lesquels on a tiré. Déserteurs ennemis. Parlementaires. Rondes et patrouilles faites et reçues.

2º — Commandant de grand'garde. — Aussitôt établi. Noms des villages situés en avant des lignes. Où conduisent les chemins en avant des postes ; leur largeur et leur état. Si l'ennemi peut s'approcher par d'autres chemins. Défilés, marais, étangs, rivières, ponts, gués, dans les environs. Position et force de l'ennemi. — Avis immédiat du changement de mot. — Avis immédiat de la marche et des mouvements de l'ennemi, des attaques à craindre et de celles soutenues. — Rapport immédiat d'interrogatoire des prisonniers et des déserteurs (n°ˢ de leur régiment, brigade, division ; emplacements ; bruits qui circulaient ; etc.) — Envoi immédiat des dépêches reçues par parlementaire. — Transmission, avec observations personnelles, des rapports des petits postes. Noms du porteur d'un laissez-passer et du signataire. Rondes et patrouilles faites et reçues.

3° — Commandant des avant-postes. — Avis immédiat de l'emplacement où il s'établit. — Avis immédiat des changements qu'il ordonne dans la position des grand'gardes. — Transmission, avec renseignements et observations personnels, des rapports reçus par lui. Rondes et patrouilles faites et reçues.

4° — Chef de patrouille. — V. chef de reconnaissance.

5° — Chef de reconnaissance. — Configuration du terrain. Facilités ou obstacles pour l'offensive, la défensive et la retraite. Communications. Ressources du pays. — S'il a assuré ou arrêté l'emploi du télégraphe. — Journaux, dépêches et lettre saisis à la poste ou chez les habitants. — Troupes amies rencontrées. — Force de l'ennemi sur chaque point. Configuration de ces positions. Défenses établies. Difficulté ou moyen de les aborder. Manière dont l'ennemi se garde ; emplacement de ses postes de sûreté ; chemins qui y conduisent. Mouvements en exécution ; Préparatifs de marche ou d'action.

Nota. — Quand le sujet le comporte, la division qui aide le plus à la clarté du rapport est la suivante : — 1. Terrain naturel ; — 2. Terrain artificiel ; — 3. Personnel et matériel étrangers aux armées ; — 4. Personnel et matériel des armées A amies ; B ennemies ; — 5. Observations générales. — Cette division a l'avantage de se prêter aussi aux rapports d'itinéraires, en donnant aux colonnes les titres qui viennent d'être indiqués.

HISTORIQUE.

Format : 0,31 sur 0,20. — Rédaction : Jour par jour. Date de chaque jour en marge.

Départ. — Composition du corps. Tableau nominatif des officiers par bataillon et compagnie. Effectif en sous-officiers et hommes de troupe. Effectif des chevaux.— Date du départ. Voyage par chemin de fer ou par étapes. Point de concentration et date de l'arrivée.

Camps ou cantonnements. — Emplacement. Corps à droite ou à gauche. Est-on en 1ʳᵉ ou en 2ᵉ ligne. Emplacement des grand'gardes.

Reconnaissances. — Force et composition. But. Résultat obtenu.

Combats. — Position avant. Heure du commencement. Heure de changement de position, de marche en avant ou en retraite, d'occupation d'un point remarquable, de retraite d'un corps voisin. — Le corps est-il couvert par des travaux. Tranchées-abris ; lieux habités servant de points d'appui.— Position après. Heure de la cessation. — État modèle A.

Prisonniers. — Nombre des prisonniers faits à l'ennemi, avec noms et grades des officiers.

Actions d'éclat. — Les mentionner dans tous leurs détails, pour les citer plus tard comme exemples.

Récompenses. — Inscrire promotions, décorations et citations à l'ordre de l'armée.

Situations. — Après une affaire à pertes sensibles, établir un nouveau tableau, avec effectif, comme il est dit à *départ*.

MODÈLE A. — *État nominatif des officiers, sous-officiers et soldats, tués, blessés, faits prisonniers ou disparus au combat de (1)   le   18*

Noms.	Grades.	Tués.	Blessés.	Prisonniers.	Disparus.	Chevaux tués ou perdus.	OBSERVATIONS.
TOTAUX.........							
TOTAL GÉNÉRAL...							

ÉTAT CIVIL. (Témoins.)

Age. — **21** ans au moins. — (Sexe masculin. Parent ou autre.)

Nombre de témoins pour :

Acte de naissance............	2
Célébration de mariage..........	4
Acte de décès : A l'intérieur.........	2
— Hors du territoire	3
— Embarqués	2

Nombre pour réception de testament aux armées :

2, quand il est reçu par un chef de bataillon ou autre officier d'un grade supérieur, ou par un membre de l'intendance (Mâles et majeurs ; point légataires ; point parents ou alliés jusqu'au 4ᵉ degré

(1) Cet état est dressé aussi pour les pertes subies aux avant-postes et dans les reconnaissances.

inclus ; point commis ou délégués de celui qui reçoit le testament ; un des deux au moins doit signer) ;

0, quand il est reçu par **2** membres de l'intendance ;

0, quand il est reçu par l'officier de santé en chef, assisté du commandant militaire chargé de la police de l'hôpital (Testateur malade ou blessé) ;

Embarqués : **2**, dans tous les cas.

DÉSERTION.

Est déclaré déserteur à l'*intérieur* :

1° L'homme de troupe s'absentant de son corps ou détachement :

Après 3 mois de service . . . . . 6 jours (1).

N'ayant pas 3 mois de service . . 1 mois (1).

Et en temps de guerre, le tiers.

2° L'homme de troupe voyageant isolément d'un camp à un autre, ou dont le congé ou la permission est expirée . . . . 15 jours (2).

Et en temps de guerre, le tiers.

3° L'officier abandonnant son corps ou poste sur territoire, en état de guerre ou de siége. 6 jours (1).

Et en temps de guerre, le tiers.

Est *déclaré* déserteur à l'*étranger* :

1° Tout militaire qui franchit les limites du territoire français, après 3 jours, en temps de paix et 1 jour en temps de guerre ;

2° Tout militaire qui, hors de France, abandonne le corps auquel il appartient, après 3 jours en temps de paix et 1 jour en temps de guerre (1).

RESUMÉ DE LA CONVENTION DE GENÉVE.

ART. 1er.—Ambulances et hôpitaux militaires sont neutres et, comme tels, protégés et respectés aussi

(1) Après le jour de l'absence constatée.
(2) Après celui où il devait être arrivé ou rentré.

longtemps qu'il s'y trouve des malades ou des blessés. Neutralité cesse s'ils sont gardés par une force militaire.

2. — Leur personnel comprenant l'intendance, les services de santé, d'administration, de transport des blessés, les aumôniers, est neutre quand il fonctionne et tant qu'il reste des blessés à relever ou à secourir.

3. — Ce personnel peut, même après l'occupation ennemie, continuer à fonctionner, ou se retirer pour rejoindre son corps. — Quand il cesse ses fonctions, il est remis aux avant-postes ennemis par l'armée occupante.

4. — Le matériel des hôpitaux militaires est soumis aux lois de la guerre. Son personnel ne peut emporter que les objets qui sont sa propriété particulière. — Au contraire, les ambulances conservent leur matériel.

5. — Les habitants qui portent secours aux blessés sont respectés et libres. — Tout blessé recueilli et soigné dans une maison y sert de sauvegarde. — L'habitant qui a recueilli chez lui des blesssés est dispensé du logement des troupes et d'une partie des contributions de guerre qui seraient imposées.

6. Les blessés ou malades sont recueillis et soignés sans distinction de nationalité.— Les commandants en chef peuvent remettre immédiatement aux avant-postes ennemis les blessés pendant le combat, quand les circonstances le permettent et du consentement des deux partis. — Sont renvoyés dans leur pays ceux qui, après guérison, sont reconnus incapables de servir. Les autres peuvent être aussi renvoyés, à la condition de ne pas reprendre les armes pendant la durée de la guerre. — Les évacuations et le personnel qui les dirige sont couverts par une neutralité absolue.

7. — Le drapeau et le brassard distinctif portent croix rouge sur fond blanc. Ce drapeau est toujours accompagné du drapeau national.

ÉQUIPAGES RÉGIMENTAIRES

Pour cantines d'ambulance, 4 mulets de bât.
Bagages des officiers (1 pour l'état-major, 1 par
    bataillon). . . . . 5 voitures.
Subsistances de 1re ligne . . . 17   —
Réserve d'habillement. 1   —
Outils de pionniers (un par 2 ba-
    taillons). 2   —

                           TOTAL. 25   (1)

Total des chevaux et mulets 32, plus 3 pour can-
tinières. — Il y a, en outre, par bataillon, 1 caisson
de munitions à 4 chevaux.

Chargement des voitures de bagages des officiers (2).

Etat-major.	Effets.	Vivres.	Couvertures.
Colonel.	4		1
Lieutenant-colonel.	3	1	1
Médecin-major de 1re classe. .	2		1
Adjoint au trésorier (3). . . .	1		1
Porte-drapeau.	4	1	1
Chef de musique	1		1
Vaguemestre	1		1
Sous-chef de musique.	1		1
Chef armurier (4).	1		1

(1) Et 3 chevaux haut-le-pied.

(2) Il y a 6 seaux d'abreuvoir pour l'état-major et les 3 bataillons : 4 aux voitures à bagages ; 2 à celles de subsistances.

(3) Plus 2 caisses de papiers pesant 100 kilog.

(4) Plus une caisse d'outils et de pièces d'armes pesant
95 kilog.

Bataillon.

	Effets.	Vivres.	Couvertures.
Chef de bataillon.	2		1
Adjudant-major.	1	1	1
Médecin.	1		1
Adjudant sous-officier.	1		1
4 capitaines.	4	4	4
12 lieutenants et sous-lieuten[ts].	12		12

Plus **4** boîtes de livrets matricules.

Poids maximum de la caisse d'effets, 14 kilog.;— de la cantine de vivres, 31 kilog. pour 4 officiers, 35 kilog. pour 5 officiers.

Chargement des voitures de subsistances (1).

2 jours de vivres.

Poids totaux nets. — Biscuit, en 97 caisses, 4.704^k,5. — Conserves de viande, en 18 caisses, 648 kilog. — Vivres de campagne (riz et légumes secs, sel, café et sucre), en 12 sacs, 594^k,83. — Avoine (ration à 5^k,5), en 8 sacs, 520 kilog.

Répartition. — 12 voitures, chacune 8 caisses de biscuit.—2 voitures, chacune 8 caisses de conserves. — 1 voiture, 10 sacs de vivres de campagne. — 1 voiture, 7 sacs d'avoine de 70 kilog., poids net.— 1 voiture, 1 caisse de biscuit, 2 caisses de conserves. 2 sacs de vivres, 1 sac d'avoine de 30 kilog. poids net, 12 kilog. de mobilier.

Poids des récipients. — Caisse à biscuit, 14 kilog. — Caisse à conserves, y compris boîtes, 20^k,5. — Sac, 1^k,1.

(1) Il y a six seaux d'abreuvoir pour l'état-major et les 3 bataillons : 4 aux voitures à bagages; 2 à celles de subsistances.

Nota. — Quand le régiment est avec un état-major de brigade, les poids nets sont : Biscuit, en 98 caisses, 4,753 kilog. Conserves, 648 kilog. Vivres de campagne, 597ᵏ,25. Avoine en 9 sacs, 624ᵏ,4.

Le chargement est alors modifié ainsi : 1° une des voitures de conserves reçoit, en outre, le mobilier ; 2° La dernière voiture porte 2 caisses de biscuit, 2 caisses de conserves, 2 sacs de vivres, 2 sacs d'avoine pesant ensemble 134ᵏ,4, poids net.

Chargement de la voiture d'habillement.

Souliers (paires).	150
Guêtres en toile (paires).	150
Chemises.	150
Ceintures de flanelle.	150
Pantalons.	50

Par 1/5 en 5 caisses. (La plus longue à plat et en travers sur l'avant ; les 4 autres debout 2 à 2.) — Plus, 1 caisse de matériel pour réparer équipement, habillement et chaussure. (En travers sur l'arrière.)

Chargement d'une voiture à outils de pionniers.

8 haches,—70 pelles,—40 pioches,—10 serpes,— 12 manches de rechange (6 pour hache ou pioche et 6 pour pelle),— 2 pinces de mineur,— 1 scie passe-partout,— 1 caisse d'outils d'art.

Répartition des voitures en temps de paix.

A bagages. — A l'état-major et à chaque bataillon.
A subsistances. — Au dépôt.
A habillement. — Au dépôt.
A outils de pionniers. — A leurs bataillons. — 3 bataillons détachés ensemble emmènent les 2 voitures.

Chaque voiture est toujours accompagnée du harnais nécessaire pour l'atteler.

Renseignements divers.

Dimensions intérieures : Longueur 2 mètres, largeur 1^m,07, hauteur 77 centimètres, capacité 1^m,647.

Poids : 358 kil.— Chargement maximum, 500 kil.

Largeur de bout d'essieu à bout d'essieu : 1^m,75.

Longueur, attelée à 1 cheval. . . . 4^m,55 (1)
     id.   2 chevaux. . . 7^m,55 (1)

Pelles et pioches : 1 par voiture à bagages; 5 aux autres.

Écrous d'essieu : 1 par voiture à bagages; 8 aux autres.

Clefs à écrou : 1 par voiture à bagages et à outils; 13 aux autres.

Attache des chevaux au bivouac.

Collections d'attaches par régiment (3 bataillons), 9, dont 1 à la voiture à bagages de chaque bataillon.

Chaque collection pour 4 chevaux comprend : une corde de 5^m,50; 4 piquets dont 1 de rechange; 4 entraves; 1 masse en fer.

Masse d'entretien.

34 fr. par an, soit 0 fr. 09315 par jour, par mulet de bât, y compris l'entretien du bât.

CONVOIS.

Ordre habituel de marche. — Munitions de guerre, ambulances, trésor, subsistances, effets militaires, bagages, voitures autorisées à suivre.

Allocations en paix.

De 1 à 24 hommes, sous le commandement d'un officier. . . . . 1 voiture à un collier.
De 1 à 160 hommes, avec ou sans officier.
De 161 à 320 hommes. . . . . 2 *idem.*

Et ainsi de suite, en ajoutant une voiture par 160 hommes.

(1) 0^m,25 en plus quand il y a une fourragère et qu'elle est relevée; 0^m,55 en plus quand il y a une fourragère et qu'elle est inclinée.

Tout détachement ayant au moins 12 officiers a droit à deux voitures.

Il est déduit une voiture à un collier par deux voitures régimentaires marchant avec le détachement.

LONGUEUR DES COLONNES.

Effectif de guerre, y compris l'allongement de un tiers en marche.

Régiment d'infanterie à 3 bataillons.	1075 mètres.
Régiment de cavalerie à 4 escadrons, par quatre	740 —
Batterie d'artillerie montée.	260 —
— à cheval	340 —
Section de munition d'artillerie . . .	600 —
— d'infanterie. . .	500 —
Section de parc d'artillerie de corps d'armée	750 —

DIVISION D'INFANTERIE.

Partie combattante : 12 bataillons. — 4 batteries. — Génie. — Munitions. — Ambulances.	7090 mètres.
Convoi : Bagages. — Différents services. — Vivres régimentaires. — Effets. — Subsistances.	2160 —
Convoi d'une brigade de cavalerie (Ambulance. — Vivres. — Bagages)	470 —

FORTIFICATION.

Hauteur de la ligne de feu. . . .	2 à 3 mètres.
Hauteur d'appui	1^m.30.
Inclinaison du talus intérieur .	3/1.
Largeur de la banquette	0^m.65 à 1^m.20.

Inclinaison du talus de ban-
quette . . . .   1/2.
Épaisseur du parapet contre
monsqueterie. . . . .   0ᵐ,50.
Épaisseur du parapet contre ar-
tillerie . . . .   3 à 4 mètres.
Inclinaison ordinaire de la
plongée. . . . .   1/6.
Inclinaison du talus extérieur. .   1/1.
Largeur de la berme. . . . . .   0ᵐ,50 à 1 mètre.
Fossé : profondeur. . . . . . .   2ᵐ,50 à 4 mètres.
     —   largeur supérieure mi-
          nimum. . . . .   4 mètres.
     —   inclinaison du talus
          d'escarpe. . . . . . .   2/1, 3/2, 1/1.
     —   inclinaison du talus de
          contrescarpe. . . . .   3/1, 2/1, 1/1.
Foisonnement. . . . .   1/8 à 1/12.
Minimum des angles saillants. .   60°
          —   rentrants .   90° et mieux 100°.
Maximum des angles rentrants.   120°

Front bastionné. — Perpendiculaire, 1/6 à 1/8 de
la ligne de front. — Face, 1/3 de la ligne de front.

Partie de la ligne de feu occupée par une pièce :

Dans un angle droit. . . . . .   14 mètres.
Sur une face. . . . .   5 mètres.
À côté d'une autre pièce. . . .   4 mètres.
Plate-forme au-dessous de la
ligne de feu . . . .   0ᵐ,80.

Créneau.—Largeur à l'extérieur, 0ᵐ,08.—À l'intérieur, moitié de l'épaisseur. — Hauteur, 0ᵐ,30 à
0ᵐ,40. — Minimum au-dessus du sol, 2 mètres.

Travailleurs. — Un bon piocheur fouille 1ᵐᶜ,5 en
1 heure; pour le soldat, compter sur 1/2 mètre cube
par heure.—Un bon pelleur lance la pelletée hori-
zontalement à 4 mètres, ou verticalement à 1ᵐ,60.

Profil d'un retranchement rapide. (Il n'y a pas de maximum d'angle.) — Travail : 6 à 8 heures.

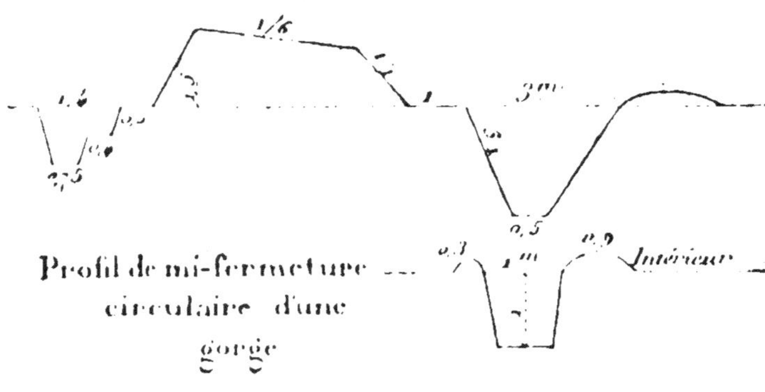

Profil de mi-fermeture circulaire d'une gorge

Ligne-abri de tirailleurs (8 à 10 minutes), pouvant être transformée en tranchée-abri.

Tranchée-abri. — Fossé : largeur supérieure, 1ᵐ,30 ; profondeur, 0ᵐ,50. — Berme, 0ᵐ,50. — Parapet : épaisseur supérieure, 0ᵐ,50 ; hauteur, 0ᵐ,60.— Atelier : 1 piocheur et 2 pelleurs ; longueur de l'atelier, 2ᵐ,60 (2 longueurs de pelle).—Durée du travail, 25 à 35 minutes.

FORMATIONS AVANCÉES DE

SURETÉ.	MARCHE.	COMBAT.
Sentinelles . . .	Éclaireurs. . . .	Tirailleurs (avec éclaireurs.)
-Petit poste.. . .	Pointe..	Renfort.
-Grand'garde.. .	Tête..	Soutien.
Réserve ou gros des avant-postes.	Gros de l'avant-garde.	Réserve.

BIVOUAC EN COLONNE.

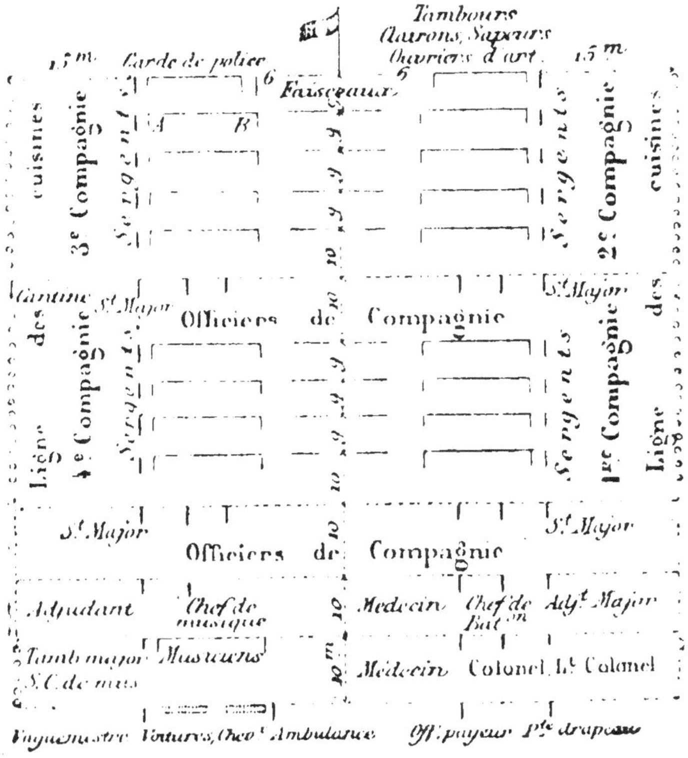

A B égale deux fois le front de la section. — Tentes en profondeur, pour 6 hommes, à 1 mètre d'intervalle. — Sergents par deux en dehors de leur section ou par quatre en dehors de la 1re section de leur peloton. — Instruments des tambours et clairons, aux faisceaux de tête. — Intervalle ou distance entre les bataillons, 20 mètres. — Drapeau au bataillon de tête de colonne ou à celui du centre de la ligne.

Front d'un homme dans le rang. 0m,70

BIVOUAC EN LIGNE.

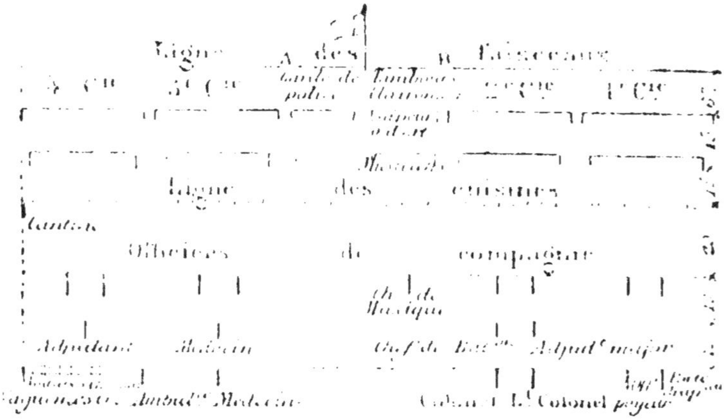

A B égale deux fois le front d'une section. — Tentes en profondeur sur deux lignes. — Sergents par deux à la droite de leur section, ou par quatre à la droite de leur peloton. — Sergent-major et fourrier, à la gauche de la compagnie. — Tambour-major et sous-chef de musique, à la droite des musiciens. — Instruments des tambours et clairons, aux faisceaux en avant d'eux. — Intervalle entre les bataillons, 20 mètres. — Drapeau toujours au 2ᵉ.

Garde de police : Pour 1 bataillon : 1/2 section, par 1 sergent ; — 4 factionnaires et 1 planton.

Pour 1 régiment : 1 section, par 1 officier ; — 9 factionnaires.

Son poste avancé (100 mètres en avant) : Pour 1 bataillon : 6 soldats, par 1 caporal ; — 1 factionnaire (1 ou 2 pendant la nuit) ;

Pour 1 régiment : 1 escouade, par 1 sergent ; — 1 factionnaire (1 ou 2 pendant la nuit).

Latrines. — Par bataillon, au moins à 60 mètres.

Campement. — 1 adjudant-major, 1 adjudant, et, par compagnie, 1 fourrier et 4 soldats.

DISPOSITION D'AVANT-GARDE (1/4 ou 1/6 de l'effectif total de la troupe) et d'ARRIÈRE-GARDE.

Pour une compagnie

(A)
à 50ᵐ des 2 autres)

Pointe (1 Escouade)

Tête (1 Escouade)

Gros (1ʳᵉ Section)

Compagnie

Arrière-Garde (1 Escouade)

à 50ᵐ des 2 autres

Pointe

Avant-Garde

Pour un régiment

(A)
à 50ᵐ des 2 autres)

Pointe (1 Section) : 1 Escouade pars sous officier, 3 Escouades

Tête (12 Escouades)

Gros (3 Compagnies)

Avant-Garde (le cas échéant escouades supplémentaires d'échelons venues par tête et patrouilles de flanc par gros)

Corps principal

Le cas échéant fournit des détachements de flanqueurs.

Chevaux de main et, le cas échéant caisson de munitions (B)

Arrière Garde (1 Section)

à 50ᵐ des 2 autres.

(A) Groupe de 2 ou 3 éclaireurs de côté, 150 à 200 mètres.

(B) Les voitures d'outils suivent chaque bataillon. — Si les équipages accompagnent, ils marchent ici dans l'ordre suivant : Malades et éclopés, ambulance, subsistances, bagages. = Nota. — Un bataillon a pour avant-garde une compagnie détachant une section en tête d'avant-garde.

DEVOIRS

D'AVANT-GARDE.

	MISSION.	DESTA-CLÉS	BOIS.	DÉFILÉS, PONTS	HAUTEURS.	LIEUX HABITÉS.	ISOLÉS	ENNEMI, (…)	OBSERVATIONS.
POSTE D'AVANT-GARDE.	[illegible]	[illegible]	[illegible]	[illegible]	[illegible]	[illegible]	[illegible]	[illegible]	[illegible]
TÊTE D'AVANT-GARDE.	[illegible]	[illegible]	[illegible]	[illegible]	[illegible]	[illegible]	[illegible]	[illegible]	[illegible]

	MISSION.	OBSTACLES	BOIS.	DÉFILÉS, PONTS	HAUTEURS
TÊTE D'AV.-GARDE (suite).	»	quisition. Prévenir du retard le commandant de l'avant-garde.	»	»	»
GROS D'AVANT-GARDE.	Renforcer la tête. Envoyer des patrouilles de flanc. Appuyer ou recueillir les échelons précédents. Prendre toujours l'offensive, sauf ordre contraire.	Fournir à la tête de quoi déblayer ou réparer la route. Prévenir de l'arrêt le commandant de la colonne.	»	Rétablir un pont rompu, ou rechercher, en amont et en aval, des points de passage.	»

MODE D'INTERROGATION.

(Prisonnier. Déserteur. Voyageur. Habitant.)

Nom, Grade, Emploi, Fonction, Profession, Age, Corps, Résidence, Domicile, Nationalité.

Puis, questions calquées sur les articles Bivouac (p. 6), Camp (p. 7), Chef de reconnaissance (p. 29), plus : Où sont quartiers généraux. Noms et caractère

LIEUX HABITÉS.	ISOLÉS.	ENNEMI. (V. aussi LIEUX HABITÉS).	OBSERVATIONS.
pointe. Faire chercher chefs de l'administration civile. S'il y a ennemi, se retirer, en combattant, sur les premières maisons et s'y maintenir, en prévenant le gros.	»	»	»
Questionner chefs de l'administration civile. Donner ordres de réquisition. Prendre possession de gare et faire cesser tout train. Occuper télégraphe, interdire usage des appareils, saisir dépêches. Prendre à poste journaux et correspondances. S'il y a ennemi, attaquer et menacer ligne de retraite ; au pis-aller, prendre mesures défensives.	»	Soutenir premier choc et prévenir chef de colonne.	Se munir d'une carte ou d'un croquis du terrain. Maintenir, à l'aide d'hommes échelonnés, communication avec tête et corps principal.

des généraux. Comment troupes nourries, vêtues, soldées. Leur moral. Leur nationalité. État des chevaux. Renforts attendus. Derniers ordres reçus. Bruits circulant parmi les troupes et les habitants. Trajets, faits et dires des reconnaissances. Esprit des habitants au point de vue national, politique et militaire. — Pour la topographie et la statistique, questionner selon l'article des Explorations (p. 5 et suivantes) sur lequel on veut être éclairé.

DISPOSITION D'AVANT-POSTES
(1/4 ou 1/6 de l'effectif total de la troupe).

Sans réserve.

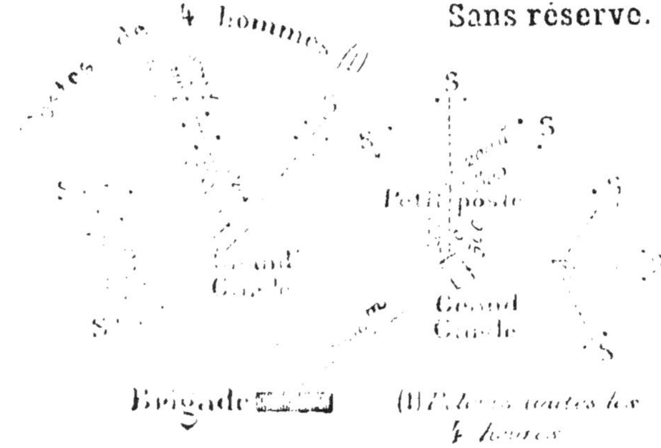

Patrouilles rampantes, 500 à 800 mètres; patrouilles ordinaires, 1000 à 1200m. — Vedettes, 4 à 5 kilomètres, et alors postes détachés de grand'-garde, 600 à 800 mètres.

Avec réserve.

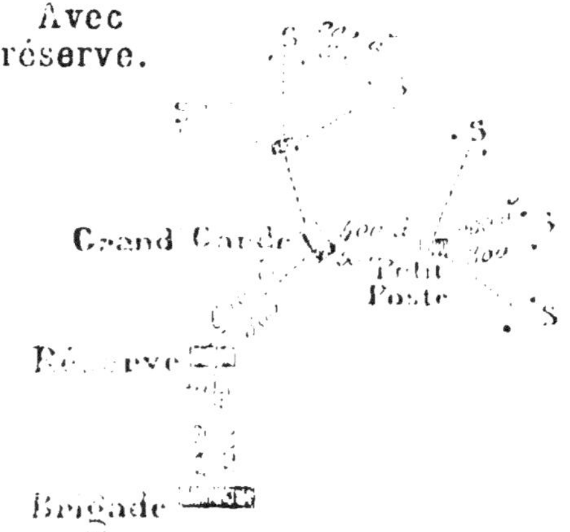

PETIT POSTE. — Une escouade à une section (1/4 pour sentinelles en quatre poses, 1/4 pour patrouilles. — GRAND'GARDE. — Une compagnie, y compris ses petits postes, relevant à la moitié (une autre compagnie fournit une deuxième grand'garde.) — RÉSERVE. — Deux compagnies réunies ou séparées.

SIGNAUX.

Par le sifflet.

Garde à vous. — Un coup de sifflet sec, suivi immédiatement d'un coup de sifflet prolongé.

Cantonnement et bivouac. — Pour faire prendre les armes inopinément : plusieurs *Garde à vous* successifs, exécutés rapidement.

Service de sûreté. — Comme moyen de reconnaissance et signal d'alerte.

Tirailleurs. — Pour attirer l'attention des hommes (*garde à vous*).

Embuscade. — Pour donner le signal d'attaque.

Marche de nuit. — Pour diriger les hommes et les rallier.

Traversée de bois. — Idem.

Par le clairon.

Réservé aux officiers supérieurs et aux commandants de bataillon.

1° Quand il est impossible de donner ou de communiquer les ordres de vive voix ;

2° Pour faire cesser le feu ;

3° Pour précipiter l'action des réserves, donner une impulsion générale, le signal de l'assaut et de l'attaque à la baïonnette (le signal de la charge est alors répété par tous les tambours et clairons de la troupe en action) ;

4° Pour rallier les troupes à la suite d'une attaque.

En chemin de fer.

Pour embarquer : *Garde à vous, En avant.*

A station, pour descendre : *Halte.*

— 3 minutes avant départ : *En avant.*

Pour débarquer : *Garde à vous, Marche du régiment.*

CARTOUCHES.

A emporter par chaque homme : 83 pour fusil modèle 1866 ; 74 pour fusil modèle 1874 ; 30 pour revolver (adjudant et sergent-major).

Contenance des bissacs de ravitaillement : 56 à 60 paquets, modèle 1866 ; 52 à 66 paquets, modèle 1874 ; 96 à 100 paquets, sans balle.

FEUX.

Maximum dans l'offensive : 1 homme par mètre.
Minimum dans la défensive : 1 homme par mètre.
Feu rapide : Toujours avec hausse de 200 mètres.
Jusqu'à 250 mètres. — Sur tirailleurs isolés et abrités.
3 à 400 mètres. — Sur chaine de tirailleurs à découvert, ou sur cavaliers isolés.
5 à 600 mètres. — Sur soutiens massés.
800 mètres. — Sur réserves.
1000 mètres. — Sur masses, ou sur une batterie d'artillerie.
L'artillerie ne doit généralement pas ouvrir son feu à plus de 2500 mètres.

MARCHE D'UN COMBAT OFFENSIF.

Front d'action d'une compagnie. . 154 mètres
— — d'un bataillon . . . 308 —

Le bataillon, en colonne de compagnie, s'est approché, couvert par ses éclaireurs et protégé par son artillerie.

A 2000 mètres. — Prendre formation de combat.
A 800 mètres. — Déployer les groupes de la chaine. Feu lent par les éclaireurs.
A 600 mètres. — Feu en avançant sur tout le front. Renforcement de la chaine. — Les soutiens remplacent les parties des renforts envoyées sur la chaine.

Une Compagnie de réserve prend la place des soutiens. Renforcement peu à peu de la ligne de feu.

« — Marche par bonds successifs et par fractions protégées par le feu de celles restées de pied ferme. — Faire converger les feux sur le point d'attaque.

A 300 mètres. — Tir rapide sur toute la ligne renforcée à un fusil par mètre.

Porter vivement en ligne, en ordre serré, sur le front d'attaque ou en prolongeant les ailes, d'abord

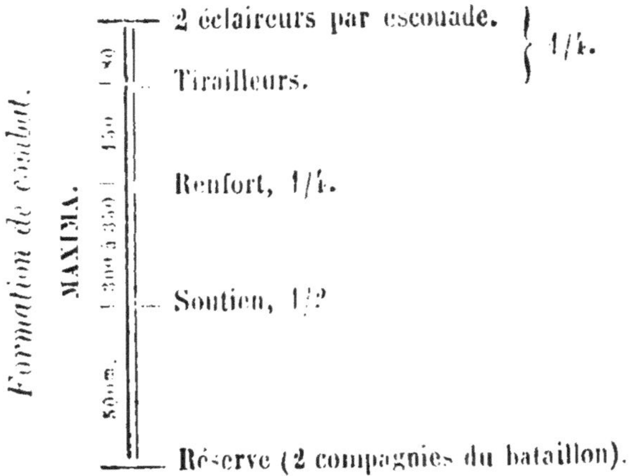

ce qui reste des soutiens, puis la Compagnie de réserve qui les a remplacés. Ces fractions entraînent énergiquement la ligne de combat.

« — Si l'ennemi se retire, la ligne de combat, suivie de la réserve qui s'est réglée sur l'action des premiers échelons, arrive d'un seul élan sur la position et s'y installe.

« — Si l'ennemi tient bon, nouvelle marche en échelons par bonds successifs, avec feux rapides dans des haltes très-courtes.

A 50 mètres. — Se jeter énergiquement en avant,

tambours battants et baïonnette basse et au cri **En avant** des gradés.

Poursuivre de feux l'ennemi et gagner la lisière opposée sans la dépasser.

— Le reste de la réserve en ordre compacte entre dans la position sur les talons (une centaine de mètres) de la ligne de combat, assure la possession, pare aux contre-attaques. — Au répit, les autres fractions se reforment.

Nota. — Se méfier des contre-attaques, les faire repousser par soutiens et surtout par première compagnie de réserve qui doit, en outre, profiter de toutes les occasions de tourner l'ennemi et d'agir sur ses flancs.

TENUE DE CAMPAGNE.

Habillement.

Capote.
Ceinture de flanelle.
Képi.
Pantalon.
Veste.

Grand équipement.

Bretelle de fusil.
Ceinturon.
Giberne.
Havre-sac.
Poche à cartouches.
Porte-sabre-baïonnette.

Petit équipement.

Boîte à graisse. 1/2.
Bretelles (paire).
Brosses à chaussure. 1/2.
— à fusil. 1/2.
— à habit. 1/2.
Caleçon. 2.
Calotte de coton

Chemises. **2.**
Cravate.
Gamelle.
Guêtres en cuir (paire).
— en toile (*id.*).
Mouchoirs. **2.**
Musette.
Quart.
Souliers (paire). **2.**
Sous - pieds de rechange (paire).
Tampon de fusil.
Trousse garnie. 1/2.

Armement et **munitions.**

Fusil.
Accessoires et pièces de rechange.
Cartouches (V. page 50).
5 paquets dans havre-sac, plus ce qui ne peut pas tenir dans giberne.
4 paquets dans giberne, plus 2 cartouches libres.

Campement.

Petit bidon.
Tente avec accessoires (1 support brisé, 3 piquets, 2 cordeaux de piquet, 1 de tirage).
2 sachets à vivres.
Bidon, ou seau en toile. 1/4. (Il y a encore des bidons à 1 pour 8 hommes).
Gamelle. 1/4 ou 1/8 suivant le modèle.

Marmite. 1/4 ou 1/8 suivant le modèle.
Moulin à café. 1/20.
Hachette, ou serpe. 1/10.

Vivres.

De réserve. 2 jours.
Boîte de conserves. 1.
Repas dans la musette. 1.

Divers.

Livret individuel.
Morceau de savon.

Outils portatifs.

Deux assortiments par compagnie. — Un assortiment comprend : une hache, une pelle, deux pics. — Il y a, de plus, une scie par bataillon.

MASSE GÉNÉRALE D'ENTRETIEN.

Allocation annuelle : 1re portion. . . 7,000 fr.
— — 2e portion. . . 5,600

TRANSPORTS EN CHEMIN DE FER.

Fourrages. (V. p. 64). — *Signaux.* (V. p. 49).
Maximum des véhicules, 50. — Locomotive et tender. Fourgon du chef de train pour bagages. Partie des voitures de troupe. Voiture des officiers. 2e partie des voitures de troupe. Fourgon pour restant des bagages. Wagons pour voitures et chevaux. Voiture à frein.

Garde de police (wagon précédant ou suivant celui des officiers) : 1 officier, 1 sergent, 1 caporal, 1 clairon, 15 soldats.

Pièces d'exécution. Ordre de mouvement. Feuille de route. Bons de chemin de fer (1 par réseau). Billets collectifs (1 par bon). Inscrire mutations et observations sur bons et billets. Laisser bon à chef du train. A l'arrivée, remettre à chef de corps billets et bulletin de renseignements.

ALLOCATIONS PÉCUNIAIRES (Officiers).

	Solde de présence.		Solde d'absence.
	Par mois.	Par jour.	
Colonel	645f	24f 50	10f 75
Lieutenant-colonel	501	16 70	8 35
Chef de bataillon	429	14 30	7 15
Capitaine de 1re classe	294	9 80	4 90
Capitaine de 2e classe	270	9 00	4 50
Lieutenant de 1re classe	204	6 80	3 40
Lieutenant de 2e classe	198	6 60	3 30
Sous-lieutenant	189	6 30	3 15
Médecin-major de 1re classe	513	17 40	8 55
Médecin-major de 2e classe	309	10 30	5 15
Médecin aide-major de 1re cl.	219	7 30	3 65
Médecin aide-major de 2e cl.	213	7 40	3 55

Indemnité en rassemblement.

	N° 1.	N° 2.	N° 3.	N° 4.
Officier supérieur	2 00	1 50	1 00	0 50
Capitaine	1 40	1 05	0 70	0 35
Lieutenant et sous-lieutenant	1 00	0 75	0 50	0 25

INDEMNITÉS.

Marche en corps ou détachement.	Paris et annexes.	Algérie (1).	Entrée en campagne. (2)	Prisonnier, excepté par capitulation.		Par cheval tué dans une affaire.
				Perte d'effets.	Perte de chevaux.	
Officier supérieur. 5 fr.	4f 60	Officier supérieur. 4 fr. 35	1200f	800f	800f	400f
Officier inférieur. 3 fr.	4 45	Officier inférieur. 1 fr. 65	1000	700	800	400
	3 75		900	600	400	400
	2 55		600	400	»	»
	2 55		600	400	»	»
	2 30		400	300	»	»
	2 30		400	300	»	»
	2 15		400	300	»	»
	3 75		1000	600	450	450
	2 55		700	400	»	»
	2 30		500	300	»	»
	2 30		500	300	»	»

Nota. — Les officiers d'état-major reçoivent la solde de leur grade et classe dans le corps où ils remplissent leurs fonctions. Les lieutenants ont celle de la 1re classe.

Indemnité pour frais de service, par mois :

Officier supérieur commandant le régiment. 186 fr.
Officier inférieur commandant le régiment, le 1/5.

(1) Quand les vivres sont reçus en nature, ils sont remboursés à raison de 14 centimes par ration.
(2) Officier payeur, 550 fr. — Adjudant-major, officiers d'état-major détachés dans les corps, officiers d'ordonnance, perçoivent comme dans les troupes à cheval. (V. Médecins.)

ALLOCATIONS PÉCUNIAIRES (Officiers).

	RETENUE pour COUCHAGE et AMEUBLEMENT			
	Logement avec ameublement		Logement ou ameublement	
	1res places	Autres places	1res places	Autres places
	fr. c.	fr. c.	fr. c.	fr. c.
Colonel.	4 00	2 65	2 65	1 75
Lieutenant-colonel.	3 50	2 30	2 30	1 55
Chef de bataillon.	3 00	2 00	2 00	1 30
Capitaine.	1 50	1 00	0 75	0 50
Lieutenant et sous-lieutenant.	1 20	0 65	0 50	0 30
POUR EMPLACEMENT DE BIVOUAC :				
Trésorier.	0 60	0 60	0 30	0 30
Officier d'habillement et officier payeur.	0 30	0 30	0 15	0 15

Indemnité au nommé adjudant-major. .   150 fr.

Indemnité journalière pour travaux topographiques ou géodésiques, et reconnaissances :

Officier. . . . .   10 fr.
Pour nourriture de chaque cheval employé.   2

Nota. — Dans le tarif des allocations pécuniaires, toutes les fois que le médecin et le chef de musique ne sont pas mentionnés, c'est qu'ils sont traités comme les officiers du grade auquel ils sont assimilés.

Indemnités pour frais de bureau, par mois :

Major . . . .   25 fr. 50
Officier d'habillement (1)   51
Trésorier (2). { Allocations générales . .   126
{ En sus par bataillon remis à portion centrale. . .   25 50
Secrétaire de chaque commission des ordinaires.   6

Officier payeur avec :	Dans l'intérieur. (1)	En Algérie et aux armées.
1 bataillon	60 60	67 50
2 —	109 50	127 50
3 —	135 00	163 50
4 —	160 50	198 00

Officier supérieur commandant :	Dans l'intérieur.	En Algérie et aux armées.
Dépôt ou portion principale, sans commander le régiment	25 50	27 00
Un détachement de plusieurs compagnies qui s'administre séparément.	7 50	25 50

(1) À Paris et annexes, quand le local pour bureaux n'est pas fourni en nature, cette indemnité est augmentée, par jour, de 30 centimes pour le trésorier et de 20 centimes pour les deux autres officiers.

(2) Idem.

ALLOCATIONS

Adjudant. Sous-chef de musique. Chef armurier de 1re classe.
Chef armurier de 2e classe. . . . .
Tambour-major.. . . . .
Sergent-major. . . . .
Sergent et sergent-fourrier. . . . .
Caporal. . . } fourrier, sapeur, / Musicien après 10 ans de }
             / tambour, clairon. (fonctions. . . . . }
Caporal.. . . . .
Sapeur ouvrier d'art. Musicien. Tambour. Clairon. . . . . .
Soldat de 1re classe. Élève musicien. . . . .
Soldat de 2e classe. Enfant à 14 ans. . . . .
Enfant avant 14 ans.. . . . .

Indemnité représentative de viande. . . .   0 fr. 26
Solde de recrue voyageant en détachement,
   avec pain seulement   0   55
Indemnité au vaguemestre pour chaque
   compagnie. 0   03

Hautes-payes.

1re (1)	{ Sous-officier	0 fr. 30
après 5 ans.	{ Caporal et soldat. . .	0 12
2e	{ Sous-officier	0 50
après 10 ans.	{ Caporal et soldat. . .	0 15

(1) Payée à partir du jour du rengagement.

PÉCUNIAIRES (Troupe).

SOLDE de présence.	INDEMNITÉS.				Première mise d'équipement.
	Marche en corps ou détachement.	Paris et annexes.	Rassemblement.	Fête nationale	
fr. c.	fr. c.	fr. c.	fr. c.	fr. c.	
2 57	0 85	0 75	0 26	1 50	Sous-officier promu officier. 350 fr.
1 52					
1 17					
1 17	0 25	0 40	0 40	0 70	Adjudant ou sous-chef de musique. 130
0 87					
0 67					
0 42					
0 40					
0 30	0 10	0 07	0 05	0 30	Chef armurier. 170
0 25					
0 12					

Prime de travail au chef armurier.

De 1re classe . . . . 1 fr. 12
De 2e classe . . . . » 69

Abonnement pour l'entretien des armes.

Fusil modèle 1866 . . . . 1 fr. 20
Sabre-baïonnette isolé . . . . » 20
Sabre d'adjudant . . . . » 25
Épée de sous-officier . . . . » 25
Revolver modèle 1873 . . . . 1 00

Masse individuelle.

```
1re mise. . . . . . . . . . . . . . . . . . . . .   40 fr.   »
Supplément de 1re mise à l'homme venant
    d'une troupe à cheval . . . . . . . . . . .   10
Prime journalière normale . . . . . . . . .    0     12
    —           supplément en campa-
                gne et en Algérie . .     0     05
Complet. . . . . . . . . . . . . . . . . . . . .   35     »
Reprise avant cinq ans de service (moins
    promu adjudant ou sous-lieutenant, re-
    traité, engagé conditionnel d'un an). .   12     »
```

COMPOSITION DES RATIONS DE VIVRES.

```
Pain ordinaire. . . . . . . . . .   750 grammes.
Pain biscuité (avec tolérance
    de 30 grammes). . . . . . .   700     —
Biscuit. , . . . . . . . . . . .   550     —
Riz. . . . . . . . . . . . . . .    30     —
Légumes secs (pois. haricots,
    fèves, lentilles) . . . . . .    60     —
Sel. . . . . . . . . . . . . . .    16     —
Café, 16 grammes, et sucre.
    21 grammes. . . . . . . .    (10     — de chaque
    avec percolateur Malen).
Café non torréfié. . . . . . .     19     —
Viande fraîche (3/4 de bœuf
    ou vache, et 1/4 de mouton),
    ou bœuf salé. . . . . . . .   250     —     (1) (2).
Lard salé (saumure à 25°), ou
    conserves . . . . . . . . .   200     —       (2).
```

(1) En cas de livraison sur pied, il est déduit : bœuf (et veau), 40 0/0, vache, 44 0/0 ; mouton, 47 0/0.

(2) La ration de viande fraîche fixée, en paix, à 300 gr., peut être remplacée par :

```
Lard salé. . . . . . . . . . . . . . . . . . .   240 grammes
Conserve de viande (gelée comprise).    200     —
```

Vin.	1/4 de litre.
Bière ou cidre	1/2 —
Eau-de-vie (47° à la tempéra-	
ture de 15°)	1/16 —
Eau-de-vie. à titre hygiénique.	1/32 —
Pain pour soupe, rembour-	
sable.	250 grammes.
Biscuit pour soupe, rembour-	
sable.	185 —

Poids moyen du biscuit contenu dans une caisse.   48 kil., 5.
Poids bien variable d'une galette. . .   200 à 235 grammes.

TARIF DES RATIONS
DE VIVRES, DE FOURRAGES ET DE CHAUFFAGE

Sur le pied de guerre :

	Vivres.	Fourrages.	Chauffage (1).
Colonel et lieutenant-colonel.	1 1/2	2	6
Chefs de bataillon. Médecins-majors. . . .	1 1/2	2	4
Major. Adjudant-major. Officier payeur. Médecins aides-majors.	1 1/2	1	4
Capitaine (2).	1 1/2	»	4
Lieutenant et sous-lieutenant (2).	1 1/2	»	4
Sous-officier et assimilé.	1	»	2
Caporal. Soldat. Enfant de troupe.	1 (3)	»	1
Officier d'ordonnance (capitaine, lieutenant, sous-lieutenant).	1 1/2	2	4

(1) N'est dû que sur autorisation spéciale.
(2) A droit à une ration de fourrages quand il est âgé de plus de 50 ans.
(3) Et, en Algérie, cantinière-vivandière.

COMPOSITION DES RATIONS DE FOURRAGES.

DÉSIGNATION	PIED DE PAIX ET DE RASSEMBLEMENT						CAMPS DE MANŒUVRE			
	HIVER (1er octobre au 31 mars)			ÉTÉ (1er avril au 30 novembre)			Chevaux de ligne et légers	Chevaux besogneux		
	Foin	Paille	Avoine	Foin	Paille	Avoine		Foin	Avoine	
Chevaux des officiers d'infanterie et des officiers de santé	3	4	4.15	3	4	4.55	Comme à pied de paix et de rassemblement.	4	5.05	Applicable à l'avoine légère.
Chevaux de races arabe et espagnole.	2,50	4	4	2,50	4	4		3	4.75	
Mulets.	3	4	3,75	3	4	3,75		4	4.25	

DÉSIGNATION	RATION de paix			Supplément sur les routes	PIED DE GUERRE (Variable selon les ressources)			CHEVAUX au stock			EN MER (Le son se remplace par 2/3 et la farine d'orge par 4/5 de leur poids en orge)				
	Foin	Paille	Avoine	Avoine	Foin	Paille	Avoine	Foin	Paille	Avoine	Foin	Orge	Farine d'orge	Son	Eau
Chevaux des officiers d'infanterie et des officiers de santé	4	[note illisible]	5.05	0.40	4	2	4.80	45	2.50	2.50	3	2	1.50	0.50	16
Chevaux de races arabe et espagnole.	3		4.75	"	3	2	4.50	40	2.50	2	2.50	1.75	1.50	0.50	15
Mulets.	4		4.25	"	3	2	4.50	40	2.50	2	2.50	1.75	1.50	0.50	15

Substitutions.

1° Au foin. — Sainfoin et luzerne, même poids. Paille, le double. Avoine ou orge, la moitié. Carottes, le triple.

2° A la paille de froment. — Paille de seigle, d'avoine, d'orge, même poids. Foin, la moitié. Avoine ou orge, le quart.

3° A l'avoine (ou orge). — Foin et fourrages artificiels, le double. Paille, le quadruple. Orge, même poids. Son, moitié en sus. Farine d'orge, les huit dixièmes.

Une gerbe non battue (blé, seigle, avoine, orge) de 12 à 15 kilogrammes, selon l'arme, équivaut à une ration complète d'hiver (cas de nécessité).

Limitation des substitutions.

Au lieu de :

Foin : sainfoin et luzerne, 1/2.

Paille de froment : id. de seigle, d'avoine, d'orge, 2/5.

Avoine : orge (mais, par exception, dans l'intérieur), 1/4. Proportion pouvant être augmentée pour les chevaux de race arabe.

Foin : trèfle, spergule, vesces, millet, trèfle incarnat. (Poids pour poids), 1/3. (Cas de nécessité.)

Avoine : orge, seigle, blé, maïs, sarrasin, vesces (très-exceptionnellement), féveroles. (Poids pour poids), 1/4. (Cas de nécessité.)

Foin, paille, avoine : carottes (3 pour 1 de foin ; 2 pour 1 de paille ; 6 pour 1 d'avoine), 3 kilog. au plus de la denrée fourragère.

Fourrages en chemin de fer.

Par 24 heures : 5 kilog. de foin et 2 kilog. d'avoine

Paille pour litière : 2 kilog. 500).

Paille pour un bottillon : 12 kilog. (un bottillon pour 5 selles dans wagon spécial ; un pour 4 selles dans wagon à chevaux). Longueur du bottillon. $1^m,30$. Tour, $1^m,25$: trois liens.

Exercices d'embarquement : 500 gr. par cheval et par séance.

Paille pour campement et baraquement.

Poids de la botte : 5 kilog.

Pour couchage, renouvelable tous les 15 jours et à chaque changement de position :

Une botte par homme ou 7 kilog. de paille courte dépiquée ;

Corps de garde sans lit de camp :

1re classe (16 hommes et plus)	20 bottes.
2e classe (de 8 à 15 hommes).	12 —
3e classe (de 3 à 7 hommes).	6 —

Pour baraquement (abri-vent de la garde du camp), par régiment ou bataillon. 40 —

Pour le chauffage, en remplacement de paille de couchage, voir à l'article *Composition des rations individuelles de chauffage*, page 66.

COMPOSITION DES RATIONS INDIVIDUELLES DE CHAUFFAGE (1).

	Bois.	Charbon.
CUISSON DES ALIMENTS.		
Sous-officiers et assimilés dans les corps faisant usage de fourneaux.	1,60	
Troupe casernée ne faisant pas usage de fourneaux.	0,80	
Troupe en station chez l'habitant.	1,00	
Troupe campée, baraquée ou bivouaquée.	1,20	1 fagot par 20 rations. — 1/2 du poids du bois.
Pour préparation du café : bois, 0,05 ; charbon, 0,03.		
CHAUFFAGE D'HIVER. — *Troupe casernée.*		
Région : chaude (du 1er décembre au dernier février inclus).	0,50	
Région : tempérée (du 16 novembre au 15 mars inclus).	0,70	
Région : froide (du 1er novembre au 31 mars inclus).	0,80	
Troupe campée ou baraquée.		
Région : chaude (du 1er novembre au 31 mars inclus).	1,00	
Région : tempérée (du 16 octobre au 15 avril inclus).	1,20	
Région : froide (du 1er octobre au 30 avril inclus).	1,20	
Troupe bivouaquée.	1,20	

(1) Le sous-officier et l'assimilé ont droit à double ration.

	Bois.	Charbon.
CHAUFFAGE D'HIVER (suite).		
Supplément à la troupe bivouaquée. (Le Ministre ou le commandant alloue la ration de bivouac, cumulativement avec la ration d'ordinaire, suivant le climat et la saison.) . .	0,60	»

SUPPLÉMENT EN REMPLACEMENT DE PAILLE.

				Bois.
Troupe campée ou bivouaquée sans abri.	Mois d'hiver.	Région chaude		0,60
		— tempérée ou froide . . .		0,80
	Autres mois.	Région chaude		1,00
		— tempérée ou froide . . .		1,20

TARIF DES RATIONS COLLECTIVES
DE CHAUFFAGE D'HIVER.

Compagnie au-dessus de 35 hommes (1), une ration.

Ensemble du 4ᵐᵉ Bataillon et des 2 Compagnies de dépôt :

29 hommes et au-dessous, 1/2 ration ; 30 à 40 hommes, 3/4 ration ; 45 à 59 hommes, 1 ration ;

Au-delà de 60 hommes, pour :

10 hommes et moins, 0 ration ; 11 à 29 hommes, 1/3 de ration ; 30 à 40 hommes, 1/2 ration ; 41 à 59 hommes, 2/3 de ration ;

Plus 1/3 pour chaque comptable.

Petit état-major, infirmerie et ateliers :

D'un régiment en France (2), 3 rations ;

(1) A 35 hommes et au-dessous, on perçoit des rations individuelles.

(2) Non dus quand le corps perçoit des rations individuelles.

D'un régiment hors de France **(1)**, 2 rations.

Chambre séparée pour les enfants de troupe, 1/3 de ration.

Écoles des 2ᵉ et 3ᵉ degrés (1 fagot par poêle à allumer), 1/3 de ration.

Bibliothèque de caserne, 1/3 de ration.

COMPOSITION DES RATIONS COLLECTIVES
DE CHAUFFAGE (2) (3).

CUISSON DES ALIMENTS PAR FOURNEAU.	Bois.	Charbon.	
Ancien modèle à 4 marmite.	25	44	
Ancien modèle à 2 marmites.	42	24	2 fagots par ration.
Choumara {75 litres et au-dessous.	40	22	
à 2 marmites. {au-dessus de 75 litres.	45	25	
François Vaillant.—Comme Choumara.			
Pour préparation du café : bois, 5 kilogr.; charbon, 3 kilogr.			
Percolateurs {N° 1 (de 250 lit. ou 1,000 rations).	29	14,5	
teurs {N° 2 (de 125 litres ou 500 rations).	21	10,5	2 fagots par ration.
Malen. {N° 3 (de 50 litres ou 200 rations).	11	5,5	
Chauffage {Région chaude.	20	12	
d'hiver. {Région tempérée.	25	15	3 fagots par ration.
{Région froide.	30	18	

(1) Non dus quand le corps perçoit des rations individuelles.

(2) Paris et ses forts reçoivent au taux de la **région froide**, sans modification de durée.

(3) En cas d'anticipation ou de prolongation, la ration n'est que des deux tiers. — Le supplément en cas de froid **extrême** est, au maximum, du tiers de la ration.

DEVIS DES GALONS.

	Capote.	Tunique et veste.	
Sergent-major.................	1,00	0,84	
Caporal.....................	0,88	0,84	
Sergent et soldat de 1re classe...	0,44	0,42	
Fourrier (haut du bras).........	0,56	0,52	
Tambour, { à collet à 1 chiffre....	0,44	0,38	Plus 0m,70 pour parements de tunique de tambour et clairon.
Clairon, { à collet à 2 chiffres....	0,36	0,33	
Musicien, { à collet à 3 chiffres....	0,33	0,30	
Pour chaque chevron (7, 14 et 21 ans).— (La capote de sergent-major et la veste n'en ont pas).............	0,36	0,34	

PRIX DES EFFETS DE PETIT ÉQUIPEMENT.

Boîte à cirage ou à graisse. . . .	0,30	Guêtres en cuir (paire).	3,80
— d'armes.....	0,35	— en toile (paire).	4,45
Bretelles (paire). . . .	0,70	Martinet.........	0,40
Brosse a boutons. . . .	0,35	Mouchoir.........	0,55
— à éclaircir....	0,55	Patience.........	0,40
— à fusil......	0,20	Peigne à décrasser. . .	0,25
— à habit.....	0,55	Pompon..........	0,80
— double à souliers	0,40	Sac de petite monture garnie (la trousse exceptée).........	3,40
Caleçon...........	2,30	Sac de petite mont. vide.	0,40
Calotte...........	0,40	Sachet a cartouches.. .	0,45
Chemise..........	3,30	Souliers (paire).....	8,40
Ciseaux (paire)......	0,40	Sous-pieds de guêtres en cuir, avec lanières (paire).........	0,40
Courroie de capote. . .	0,45	Tampon de fusil. . . .	0,40
Cravate...........	0,75	Tasse ou quart.....	0,30
Dé à coudre.......	0,05	Trousse garnie.....	1,20
Etui d'habit musette. .	0,80	Trousse vide......	0,40
Fiole a tripoli.......	0,40		
Gamelle..........	1,25		
Gants (paire).......	0,70		

LITS MILITAIRES.

Fournitures d'infirmerie. 3 p. 0/0 de celles de soldat.

1/2 fournitures pour salles de police et prisons : 1 1/2 p. 0/0 de celles de soldat en France ; **2** p. 0/0 de celles de soldat en Algérie.

Paille. — Paillasse d'officier. **15** kilogr. ; paillasse de soldat et d'infirmerie, **10** kil. ; paillasse de soldat dédoublée, **14** kil. ;
Renouvelable après **6** mois.
1/2 fourniture : paillasse, **14** kilogr. ; sac à paille, **2** kil. ;
Renouvelable après **4** mois.

Recardage des matelas et des traversins : Officier et infirmerie, tous les ans ; soldat, tous les **18** mois.

Echange des draps :
Du **1er** mai au **30** septembre : Officier, tous les **15** jours ; Soldat, tous les **20** jours ;
Du **1er** octobre au **30** avril : Officier, tous les **20** jours ; Soldat, tous les **30** jours.

Echange des serviettes : Chaque semaine.

Couvre-pieds : En service du **15** octobre au **15** avril.

2e couverture d'officier : En service du **1er** octobre au **1er** mai.

Capote de sentinelle : En service du **1er** octobre au **1er** mai.

CASERNEMENT.

Cuisines par ordinaire : **1** seau, **1** baquet, **1** terrine, pour **50** hommes et au-dessous ;
Une **2e** terrine, de **51** à **100** hommes ;
Un **2e** baquet et une **3e** terrine, au delà de **100** hommes ;
Les **6** ustensiles, plus **2** porte-gamelles.

Chambres : **1** cruche, **1** gamelle, pour **1** à **6** sous-officiers, ou pour **1** à **12** caporaux et soldats.—**1** baquet et **2** brosses à long manche, par compagnie, section hors rang, ou infirmerie.

FANIONS ET LANTERNES.

DÉSIGNATION.	FANIONS.	VERRE de la LANTERNE.
GÉNÉRAL COMMANDANT		
en chef d'une armée	Pavillon tricolore, avec cravate tricolore au sommet de la hampe.	Blanc ou incolore.
un corps d'armée.	Pavillon tricolore, moins la cravate.	Id.
la 1re division d'infanterie . .	Pavillon écarlate, avec une bande blanche au milieu . . .	Rouge.
la 2e division d'infanterie. .	Pavillon écarlate, avec deux bandes blanches.	Id.
la brigade d'artillerie. . . .	Flamme, moitié inférieure bleue, moitié supérieure écarlate.	Vert foncé.
la brigade de cavalerie. .	Flamme, moitié inférieure blanche, moitié supérieure bleue.	Id.
l'artillerie ou le génie d'une armée.	Pavillon divisé diagonalement de bas en haut, triangle inférieur bleu, triangle supérieur écarlate.	Rouge.
une division de cavalerie indépendante.	Pavillon divisé diagonalement de bas en haut, triangle inférieur blanc, triangle supérieur bleu.	Id.
Ambulances.	Pavillon fond blanc, bordé écarlate, avec croix écarlate sur son milieu.	2 lanternes : 1 rouge, 1 blanche.
Arbitres.	Pavillon fond blanc, bordé écarlate.	»

TABLE ALPHABÉTIQUE.

Paris. — Imprimerie J. DUMAINE, rue Christine, 2.

Paris. — Imprimerie J. Dumaine, rue Christine, 2.